Para Ricardo Martins.

QUEM VAI SUBIR NO TREM DO SACI

Copyright do texto © 2012 by Walther Moreira Santos
Copyright das ilustrações © 2012 by Thiago Laurentino e Walther Moreira Santos

1ª edição – Março de 2012

Grafia atualizada segundo o Acordo Ortográfico da Língua Portuguesa
de 1990, que entrou em vigor no Brasil em 2009.

Editor e Publisher
Luiz Fernando Emediato

Diretora Editorial
Fernanda Emediato

Produtor Editorial
Paulo Schmidt

Assistente Editorial
Diego Perandré

Capa e projeto gráfico
Walther Moreira Santos

Ilustrações
Thiago Laurentino e Walther Moreira Santos

Revisor
Glaucon Robson de Brito

DADOS INTERNACIONAIS DE CATALOGAÇÃO NA PUBLICAÇÃO (CIP)
(Câmara Brasileira do Livro, SP, Brasil)

Santos, Walter Moreira
    Quem vai subir no trem do Saci / Walter Moreira Santos ;
ilustrações de Thiago Laurentino e do autor.
-- São Paulo : Geração Editorial, 2012.

    ISBN 978-85-8130-017-7

    1. Literatura infantojuvenil I. Laurentino,
Thiago. II. Título.

12-03312   CDD: 028.5

Índices para catálogo sistemático

1. Literatura infantil   028.5
2. Literatura infantojuvenil   028.5

GERAÇÃO EDITORIAL

Rua Gomes Freire, 225/229 – Lapa
CEP: 05075-010 – São Paulo – SP
Telefax.: (+ 55 11) 3256-4444
Email: geracaoeditorial@geracaoeditorial.com.br
www.geracaoeditorial.com.br
twitter: @geracaobooks

2012
Impresso no Brasil
Printed in Brazil

Walther Moreira Santos

Quem vai subir no trem do saci?

Ilustrações de Thiago Laurentino
e do autor

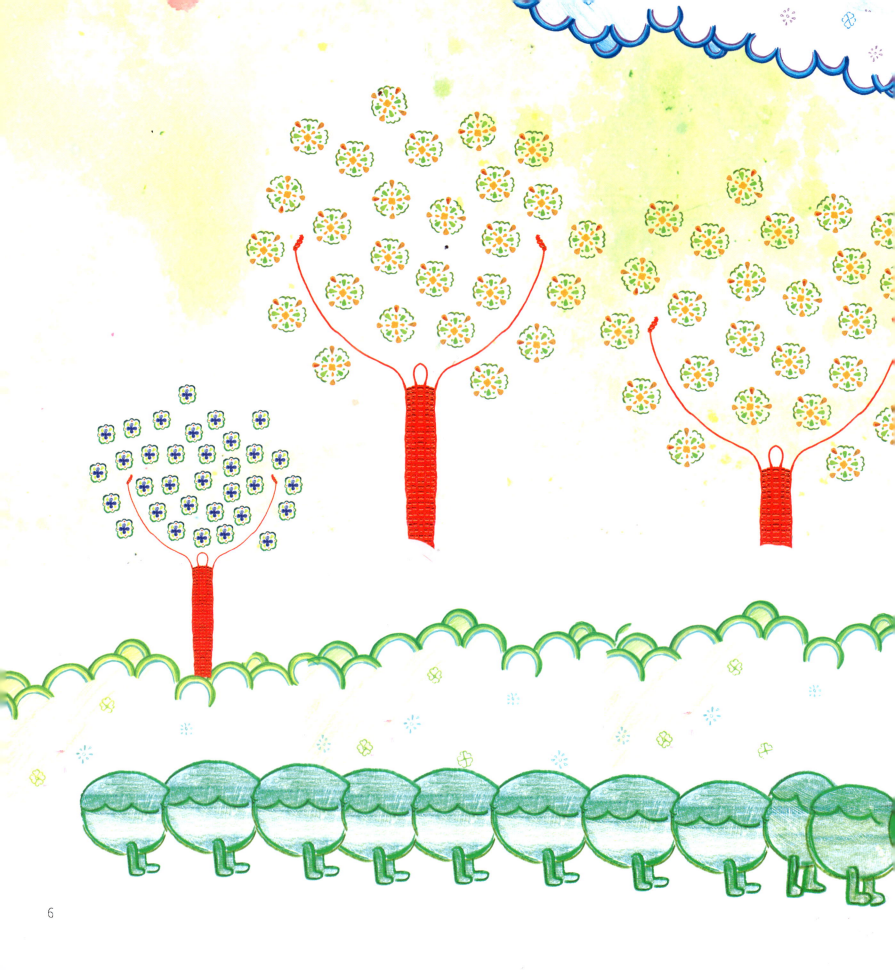

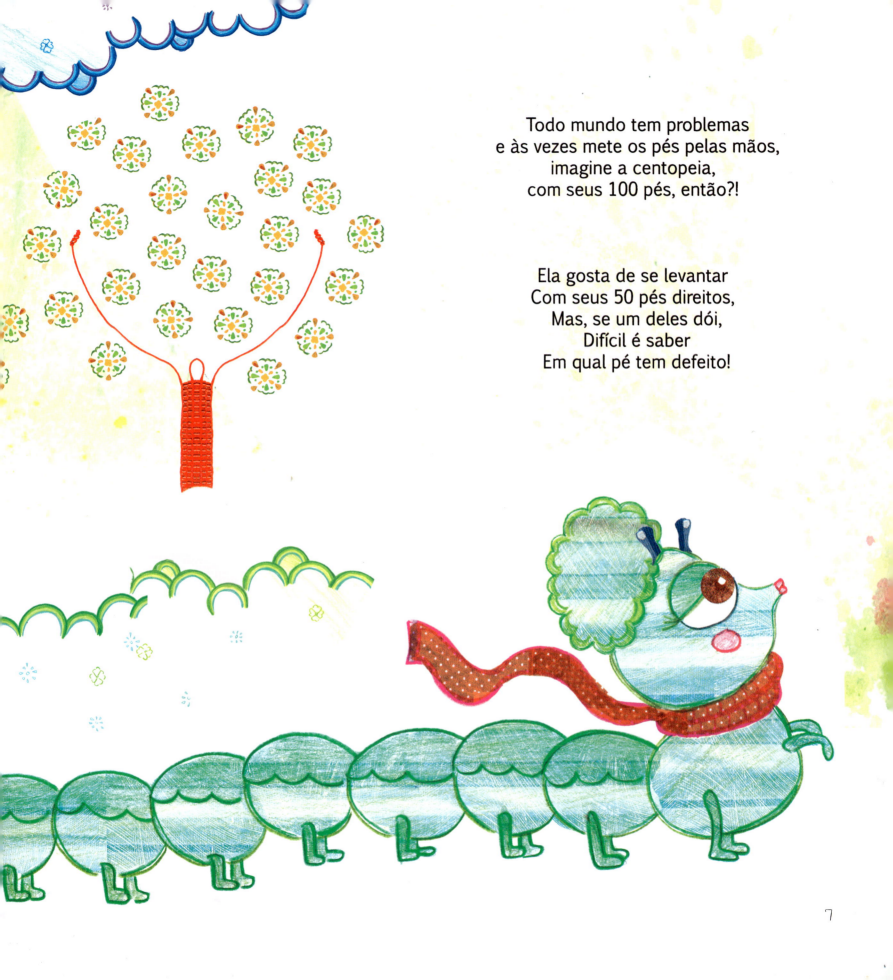

Todo mundo tem problemas
e às vezes mete os pés pelas mãos,
imagine a centopeia,
com seus 100 pés, então?!

Ela gosta de se levantar
Com seus 50 pés direitos,
Mas, se um deles dói,
Difícil é saber
Em qual pé tem defeito!

Quanto aos pés esquisitos,
Nem precisa haver conflito:
Não há feiura que não se cure
Com os talentos da borboleta
Marieta,
A pedicure.

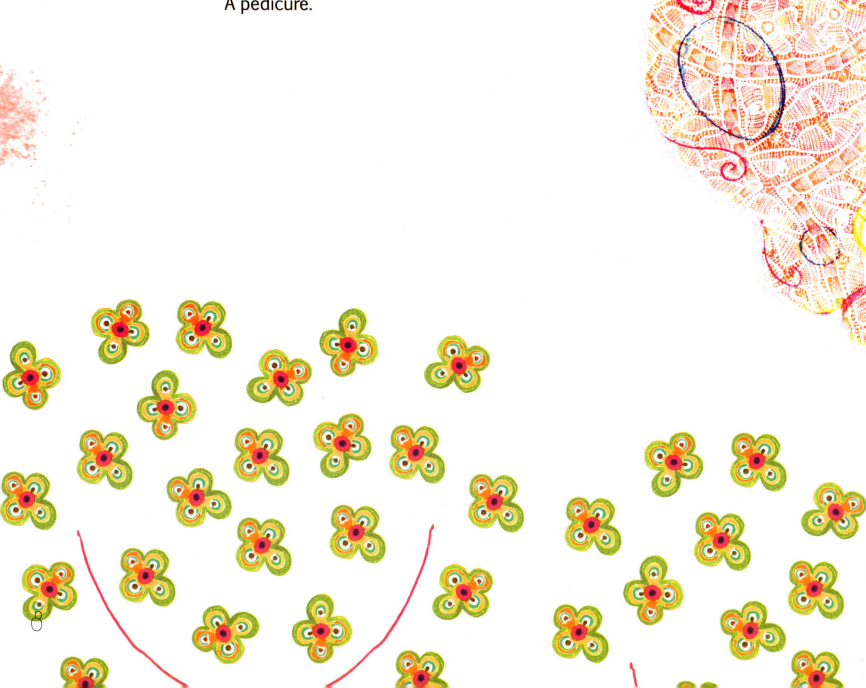

Se a centopeia usasse sapatos
Seria uma festa
Para o vendedor,
Mas, se se atrapalhasse
E os sapatos errados calçasse,
Não aguentaria tanta dor!

1

9

Ainda bem que andar de luvas saiu de moda!
Já pensou vestir tantas patas
Para ir a uma passcata?

2

3

4

5

10

41

8

E o que são pés
E o que são mãos
Nesse bicho do mato?
Só mesmo perguntando
A dona Jiboia,
Vendedora
De luvas e sapatos.

7

6

Nunca vi centopeia reclamar de calor,
Pois se o sol muito aquece,
Ela logo se abana com 100 leques!

Eu queria tanto
Ter uma amiga centopeia!
Pois para ela é fácil dar uma mãozinha
Na hora de ensinar matemática
Ou muito me ajudar a decorar
Todos os verbos da gramática!

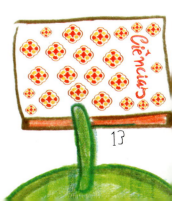

13

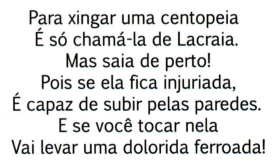

Para xingar uma centopeia
É só chamá-la de Lacraia.
Mas saia de perto!
Pois se ela fica injuriada,
É capaz de subir pelas paredes.
E se você tocar nela
Vai levar uma dolorida ferroada!

Quando se zanga, ela fica enrodilhada,
Como uma criança emburrada.
Porque é mais fácil se enroscar
Do que 100 braços cruzar!

Amigo de centopeia não reclama:
Pois ela tem sempre
Uma mãozinha para dar
- Pés, então, é melhor nem falar!

$$100 + 100 \over 200$$

Sabe o que deve doer?
Namoro desfeito por centopeia!
Pois, se ela chutar o namorado embora,
Serão 100 pés na bunda dele
Para ele dar o fora!

E o pior
É se o Saci for o namorado,
Porque da bunda
Ele só tem um lado!

Mas, coitada! Não pode sair
Na escola de samba
Nem como passista,
Pois se um dos seus 100 saltos se quebra,
Ela atrapalha toda a pista.

Se ela fosse ao circo
Seriam 100 palmas a cada palhaçada,
E bastaria uma centopeia
Para garantir as gargalhadas.
E ocuparia todas as cadeiras
Com as 50 patas traseiras
E mais 50 patas dianteiras.

= 86

1+ 1+ 1+ = 3

Se de escola de samba
Fosse porta-estandarte
Ou porta-bandeira
Teria que muito
Requebrar as cadeiras!

Mas, você pensa que ela é triste
Por não ser bailarina
Ou não poder sair no carnaval
De colombina?

Que nada!

1+ 1+ 1+ 1+ =7

25

Pois tem um emprego
Que com ela combina:
É que na mata
Ela anda descalça
E é muito feliz
Por ser o trem dos sacis!

Sobre o autor

Meu nome é Walther Moreira Santos, sou escritor e ilustrador. Este livro começou assim: eu tinha desenhado um saci, um camaleão, um passarinho em um galho e algumas aquarelas; daí veio meu amigo Thiago Laurentino com sua caixa mágica de lápis de cor e foi desenhando uma flor aqui, outra ali... e quando demos conta, havia este trabalho que você acabou de ler. Nesta página, por exemplo, tive a ideia da fumaça, que também fosse sinais de interrogação, daí desenhei o cachimbo, enquanto o Thiago cuidava da fumaça. E todo o livro foi feito assim: a quatro mãos; por isso, nele o afeto e o cuidado foram dobrado.

Quer saber mais sobre a gente? Visite nossas páginas – e seja bem-vindo!

www.wmsbooks.blogspot.com

www.thiago-laurentino.blogspot.com

Leia também

O Pequeno Príncipe Pidão

AUTOR: **Walther Moreira Santos**
ILUSTRADOR: **Thiago Laurentino**
GÊNERO: Infantil – FORMATO: 23x23 cm – PÁGS.: 36

A Rainha Maria tinha crises de enxaqueca com azia e alergia; O Rei Amônia sofria de insônia; o Bobo Trôlo tinha crises de choro e o Ministro Caçamba estava de pernas bambas: tudo culpa do Pequeno Príncipe Pidão! Então a corte decide tirar férias e o menino mais pidão do mundo vai aprender algo que mudará para sempre a vida pidona dele.

Leia também

Uma Viagem Inesquecível

AUTORA: **Marta Reis**
ILUSTRADORA: **Thais Linhares**
GÊNERO: Infanto-juvenil – FORMATO: 20,5x27,5 cm – PÁGS.: 32

A linguagem das crianças é a linguagem do sonho, da poesia. E é em versos que se conta essa história de um garoto tão de mal com a vida a ponto de seu coração virar uma bolha — uma bolha muito escura, que toma conta dele inteirinho. A solução para esse problema passa por muitos caminhos e muitas pessoas. Mas tudo vai se resolver de uma maneira inesperada — uma maneira mágica que inclui a paixão por livros, leituras e histórias. Por trás disso está uma menina amorosa, amiga e... muito especial.

Leia também

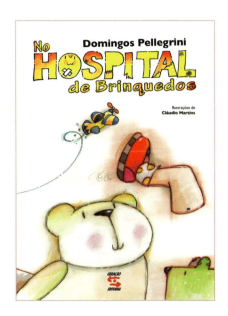

No Hospital de Brinquedos

AUTOR: **Domingos Pellegrini**
ILUSTRADOR: **Cláudio Martins**
GÊNERO: Infantil – FORMATO: 20,5x27,5 cm – PÁGS.: 36

Quando um brinquedo se quebra, pode ir parar no Hospital de Brinquedos. Ninguém fica contente de estar lá. Cada um deles reclama de alguma coisa. O tanque de guerra quer paz. A pianola quer barulho. O palhaço quer ser jogado para lá e para cá. O cavalinho não quer ser esquecido. Todos eles têm medo: será que amanhã acabarão na lata do lixo? Então o dinossauro de pelúcia explica que os brinquedos quebrados estão ali por um motivo muito importante. Qual será?